Gewaltfreie Kommunikation mit Kindern

Wie Sie Ihr Kind auch in schwierigen Phasen richtig verstehen, Konflikte einfühlsam lösen und eine liebevolle Beziehung aufrechterhalten - inkl. der besten Tipps und Übungen

Angela Eden

👥 INHALT

Das erwartet Sie in diesem Buch

Sie sind auf der Suche nach einer neuen Art der Kommunikation? Einer Möglichkeit, Ihr Kind endlich zu verstehen, die andauernden Konflikte, um die immer gleiche Sache endlich der Vergangenheit angehören zu lassen und wieder ein respektvolles Miteinander zu erleben?

Dann sind Sie herzlich dazu eingeladen, weiterzulesen und das Modell der gewaltfreien Kommunikation in diesem Buch kennen zu lernen. Es erwartet Sie Basiswissen, das Sie für den turbulenten Alltag mit Ihrem Kind rüsten wird. Die vier *grundlegenden*

Schritte zu einer erfolgreichen gewaltfreien Kommunikation, verständlich und nachvollziehbar erklärt. Es hilft Ihnen dabei, zu verstehen und mit viel Respekt und Mitgefühl mit Ihrem Kind in jeder Situation sprechen zu können. Praktische Tipps und Übungen werden Ihnen dabei helfen, Ihr hier erlerntes Wissen soweit zu vertiefen, das Sie es völlig intuitiv anwenden können. Erleben Sie das Konzept der gewaltfreien Kommunikation ganzheitlich erklärt, damit Sie nicht nur die Theorie dahinter verstehen, sondern auch einen Einblick auf ein Leben mit einer respektvollen und mitfühlenden Grundhaltung gewinnen können.

Mit einer guten Prise Humor und viel Mitgefühl, begleitet Sie dieses Buch auf Ihrer Entdeckungsreise, hin zu einer neuen und innovativen Kommunikation. Bleiben Sie neugierig und lernen Sie zu verstehen, wie viel Potenzial in einem achtsamen Umgang mit anderen und mit Ihnen selbst stecken kann. Lassen Sie sich von einem Konzept begeistern, das nicht nur Ihr Leben bereichern wird, sondern auch das Leben aller Menschen um Sie herum.

Ich wünsche Ihnen viel Spaß auf Ihrer Reise.

Was ist eigentlich Kommunikation?

WARUM UND WIE KOMMUNIZIEREN WIR TÄGLICH?

Unter Kommunikation versteht man im Allgemeinen die Übertragung von einer Nachricht vom Sender zu einem oder mehreren Empfängern. Etwas zu theoretisch? In der Kommunikation versuchen wir eine Mitteilung an einen Menschen zu übermitteln, wir versuchen, ihm eine Meinung oder eine Information zu übertragen.

Dabei ist aber der verbale Teil, also die Worte, die wir nutzen, nur ein kleiner Anteil des gesamten Bildes. Ebenso wichtig sind die nonverbalen Anteile der Kommunikation. Unsere Körperhaltung, der

Tonfall und auch die Beziehung in der wir uns zu dem Empfänger befinden. All das wird vom Empfänger bewusst oder meist unbewusst wahrgenommen und kann den ganzen Inhalt der Nachricht ändern.

Fragen Sie beispielsweise einen Freund: „Geht es dir gut? Du siehst heute etwas abgekämpft und müde aus?" drücken wir in den meisten Fällen Besorgnis aus und Ihr Freund wird sich freuen, weil Ihnen sein Wohlergehen am Herzen liegt. Stellen Sie diese Frage einer Arbeitskollegin, zu der Sie ohnehin eine schwierige Beziehung haben, wird sie das viel eher als Kritik ansehen. Vielleicht ein Hinweis darauf, dass sie schon wieder so müde aussieht und Sie perfekt, so wie immer! Eine einfache Frage kann auf unendlich viele unterschiedliche Weisen gedeutet werden und jede mögliche Reaktion hervorrufen. Klingt kompliziert? Das kann es auch sein.

Doch warum kommunizieren wir dann so viel? Warum ist einer der berühmtesten Sätze: „Wir müssen reden?" Was versprechen wir uns davon? Wir wollen gehört werden, wir wollen uns mitteilen, Verständnis bekommen, Bedürfnisse äußern, am Leben anderer Teilhaben, Beziehungen stärken, Menschen, die wir lieben, besser verstehen. Es gibt unzählige

Gründe, warum wir kommunizieren, wichtig ist, dass uns klar wird, warum wir es in einer speziellen Situation wollen. Uns sollte klar sein, aus welchem Grund wir kommunizieren und ob das in der Situation mit diesem Gesprächspartner auch angemessen ist. Ihre beste Freundin oder Freund hört sich bestimmt gerne etwas über die schwierige Situation im Büro an, Ihr Kind sollten Sie damit eventuell eher nicht belasten.

Dieses Beispiel klingt sehr einfach, doch es ist sehr wichtig und wirksam, wenn wir uns bewusst sind, warum wir kommunizieren. Wollen wir einfach nur gehört werden oder sind die Informationen gerade sehr wichtig? Machen Sie sich klar, warum Sie kommunizieren, ob es angemessen und notwendig ist und sie werden erleben, dass wir Menschen gerne manchmal reden, damit die Luft scheppert.

WAS PASSIERT, WENN DIE KOMMUNIKATION GESTÖRT WIRD?

Kommunikation ist so vielfältig und vielschichtig, da schleichen sich schnell Fehler ein. Wer kennt das nicht, man spricht mit jemandem über das aktuelle Problem mit dem Chef und plötzlich dreht sich die gesamte Unterhaltung um den anderen. Man versucht der Mutter klar zu machen, dass man nun wirklich kein weiteres Set Geschirrtücher mit den passenden Tassen gebrauchen kann, weil man einfach keinen Platz dafür hat und ist plötzlich undankbar und kümmert sich ja sowieso nur um sich selbst. Es passiert schnell, dass ein gut gemeinter Rat als Kritik aufgefasst wird und schon bricht der nächste Streit vom Zaun.

Doch was ist da los? Warum schleichen sich so schnell Fehler ein, wenn wir doch jeden Tag kommunizieren? Eigentlich sollten wir doch Meister darin sein, immerhin üben wir es tagtäglich. Nun, es ist relativ einfach: Meistens kommt die Mitteilung beim Empfänger nicht so an, wie der Sender sie gemeint hat. Der Kommunikationswissenschaftler Paul Watzlawick hat dazu eine Theorie entwickelt.

Wenn wir kommunizieren, gibt es immer zwei Ebenen: die Inhaltsebene und die Beziehungsebene. Die Inhaltsebene enthält die Information: „War die Schule heute gut?" Ihre ältere Tochter, zu der Sie eine ausgeglichene Beziehung pflegen, wird Ihnen vermutlich von Ihrem Tag erzählen und es entsteht ein Gespräch. Ihr jüngerer Sohn, der schon mehrmals in der Schule gefehlt hat, sich mit Freunden umgibt, die Sie nicht gutheißen und zu dem Sie eine eher schwierige Beziehung pflegen, wird sich eher überwacht und ausgehorcht fühlen. Es ist in diesem Sinne völlig egal, wie genau Sie die Frage gemeint haben, über die Beziehungsebene werden Kontextinformationen weitergegeben, durch die der Empfänger die Frage interpretieren kann.

Tipp: Halten Sie es wie die italienische Pädagogin Maria Montessori: „Wir müssen die Menschen dort abholen, wo sie stehen, nicht, wo wir uns gerade befinden." Überlegen Sie sich, wie Sie kommunizieren müssen, damit Ihr Gegenüber versteht, was Sie meinen. Das wird Ihnen einiges an Zeit und Worten ersparen.

Je schwieriger die Beziehung zu dem Menschen ist, mit dem Sie kommunizieren, umso wichtiger ist die Beziehungsebene. Jeder Satz, der ausgesprochen wird, wird in den Kontext der Beziehung gesetzt und man findet sich wesentlich schneller in Grundsatz-diskussionen oder Streits wieder als mit Menschen, zu denen Sie eine ausgeglichene Beziehung pflegen. Sie sollten sich dann ernsthaft überlegen, sich mit diesem Menschen zusammenzusetzen und darüber zu sprechen, was in Ihrer Beziehung im Moment nicht stimmt. Denn dann vermeiden Sie Gespräche, die zwar Worte wie „Einkaufen" und „Müll herunter-bringen" enthalten, sich aber eigentlich nicht um den Haushalt drehen, sondern um den letzten Streit auf der Weihnachtsfeier, wegen dem Sie sich gegenseitig noch immer grollen. Schaffen Sie diese Hindernisse aus dem Weg, Ihre Zeit ist dafür zu wertvoll.

Es kann aber auch passieren, dass die Mitteilung falsch aufgefasst wird, weil sie so gemeint war. Sie sollten sich immer fragen, ob Sie wirklich das mei-nen, was Sie sagen. Sind Sie wirklich daran interes-siert, wie der Tag Ihres Kindes in der Schule war oder wollen Sie nur sichergehen, dass es nichts an-gestellt hat? So wird sich Ihr Kind eventuell schnell kontrolliert fühlen, denn Kinder spüren viel schneller als Erwachsene, wenn ihnen nicht die Wahrheit gesagt wird. Werden Sie sich darüber bewusst, was Sie wirklich sagen wollen und dann sprechen Sie es aus, denn, wenn Sie nicht die richtigen Fragen stellen, können Sie auch keine befriedigende Antwort erhalten.

Die gewaltfreie Kommunikation

WAS SIE ZU ANFANG WISSEN MÜSSEN

Die gewaltfreie Kommunikation wurde von dem Psychologen Marshall Rosenberg in Bezug auf die Bürgerrechtsbewegung in den frühen 1960er Jahren in den USA entwickelt. Sie ist ein Kommunikationsmodell, das den Menschen dabei helfen soll, mit mehr Vertrauen und Freude zu kommunizieren und Konflikte schneller und besser lösen zu können.

Rosenberg arbeitet mit der Annahme, dass Menschen unter freien Bedingungen die emphatische Verbindung zu ihren Mitmenschen wählen. Er definiert die Gewaltfreiheit in seiner Kommunikation nach Ghandi: Gewaltlosigkeit durch aktive Nächstenliebe und ein einfühlsames, emphatisches Herz. Außerdem stützt sich die ganze Theorie maßgeblich auf das aktive Zuhören, eine Praxis aus der klientenzentrierten Psychotherapie. Ein großer Teil davon ist, den anderen zu verstehen und sich empathisch in ihn hineinversetzen zu können.

Doch die gewaltfreie Kommunikation ist längst kein einfaches Kommunikationsmodell mehr, es hat sich zu einer Grundhaltung in unserem Miteinander entwickelt, durch die wir uns und unseren Mitmenschen mit mehr Mitgefühl und Respekt begegnen. Es sorgt dafür, dass wir uns weg bewegen von Urteilen und Verurteilungen, von Vergleichen und der Analyse von Fehlverhalten. Stattdessen nähern wir uns an Mitgefühl, Respekt, Vertrauen und Wertfreiheit an, einen Raum, in dem Kinder, und auch Erwachsene, sie selbst sein dürfen und wachsen können.

WAS SIE FÜR DIE GEWALTFREIE KOMMUNIKATION BRAUCHEN

Damit Sie die gewaltfreie Kommunikation auch wirklich anwenden können, kommt es maßgeblich auf Ihre innere Haltung an. Die ganze Theorie stützt sich auf das aktive Zuhören und ein empathisches Herz, das ist wichtiger, als die einzelnen Schritte auswendig zu lernen.

Empathie wird als die Bereitschaft und die Fähigkeit bezeichnet, sich in einen anderen Menschen hineinzuversetzen. Können Sie das? Keine Sorge, sollten Sie das Gefühl haben, kein emphatischer Mensch zu sein, das kann man üben und lernen. Wichtig ist die Bereitschaft. Seien Sie bereit, sich in Ihr Kind hineinzuversetzen: Was möchte es? Was braucht es in diesem Augenblick? Was möchte es Ihnen sagen? Und denken Sie immer daran, auch einfühlsam mit sich selbst umzugehen. Fragen Sie sich regelmäßig, was Sie gerade brauchen, was Sie möchten. Oftmals steckt hinter Wut oder Ärger ein ganz anderes Gefühl, wie beispielsweise Traurigkeit oder Frustration.

Beim aktiven Zuhören nach Carl Rogers geht es ebenfalls um eine empathische Grundeinstellung,

Sie sollten zuhören wollen. Bleiben Sie neugierig, stellen Sie Fragen und lassen Sie Ihr Kind in aller Ruhe aussprechen und erzählen. Ermutigen Sie es, Ihnen alles zu erzählen, was es auf dem Herzen hat und halten Sie sich mit Bewertungen zurück. Sollten Sie nicht in der Lage sein, zuzuhören, weil Sie müde sind oder abgelenkt, dann kommunizieren Sie das Ihrem Kind und schlagen Sie vor, dass es Ihnen später erzählt, was im Kindergarten oder in der Schule los war. Sollten Sie allerdings die Möglichkeit haben, hören Sie Ihrem Kind direkt zu, für Kinder vergeht die Zeit um einiges langsamer und zehn Minuten können sich da schon mal wie ein ganzes Leben anfühlen.

Was Ihnen außerdem noch maßgeblich weiterhelfen wird beim Erlernen und Praktizieren der gewaltfreien Kommunikation, ist die Bereitschaft zu lernen und Fehler zu machen. Egal wie fleißig Sie lernen und üben, Sie werden es vermutlich nicht schaffen, das Ganze in einer Woche zu perfektionieren. Sollten Sie das meistern, dann Hut ab vor Ihren Fähigkeiten, aber sollte dies nicht der Fall sein, nehmen Sie sich Zeit. Ihre Bereitschaft gewaltfrei zu kommunizieren wird schon eine ganze Menge in

Ihnen ändern, geben Sie sich selbst Zeit zu lernen und Fehler zu machen. Lachen Sie über sich selbst, wenn Sie etwas vergessen haben und bleiben Sie mit Geduld bei der Sache. Das Großartige ist, dass nur Sie lernen müssen, wie Sie gewaltfrei kommunizieren, Ihrem Kind müssen Sie das nicht mehr beibringen. Kinder lernen viel über das Modelllernen, das bedeutet: Sie leben Ihrem Kind gewaltfreie Kommunikation vor und Ihr Kind wird es Ihnen nachmachen. Ganz einfach also.

Die vier Grundbausteine

BEOBACHTUNG – WAS SEHEN SIE WIRKLICH?

Im Laufe unserer Entwicklung verlernen wir schnell, lediglich zu beobachten, ohne zu bewerten. Das ist völlig normal, durch unsere Erfahrungen sehen wir die Dinge durch unseren persönlichen Filter. Dadurch werden aber Situationen völlig verschieden interpretiert und können nicht wertfrei wiedergegeben werden. Eine wertfreie Beobachtung ist aber ein sehr viel besserer Start in ein Gespräch als eine bewertete Beobachtung.

Wie schnell das gehen kann mit der Bewertung, können wir an einem einfachen Beispiel sehen: Sie beobachten Ihr Kind auf dem Spielplatz, es sitzt zusammen mit einem Spielgefährten und die beiden flüstern und tuscheln miteinander. Sie wissen, dass die beiden schon früher viel zusammen angestellt haben und wenn jemand Sie fragen würde, was Sie dort gerade gesehen haben, könnten Sie antworten: „Mein Kind und sein Freund überlegen gerade, was sie gemeinsam wieder anstellen können." Schon haben Sie die Situation bewertet. Eventuell sind Sie jetzt schon angespannt, weil Sie überlegen, bei welchen Eltern Sie sich dieses Mal entschuldigen müssen und was die beiden da gerade wieder aushecken. Sie sitzen mit Ihrer ganzen Familie beim Abendessen und Ihr Kind wirft seinen Teller vom Tisch herunter.

In der Vergangenheit hat es das schon einmal mit Absicht gemacht, um Ihre Aufmerksamkeit zu bekommen. Ihre Beobachtung könnte also sein: „Mein Kind hat schon wieder den Teller heruntergeworfen, weil es zu wenig Aufmerksamkeit hat." Wie zuvor haben Sie die Situation bereits bewertet, ohne alle Informationen zu haben. Sie haben ein Urteil gefällt. Für die gewaltfreie Kommunikation ist es unerlässlich, dass Sie die Position eines wertfreien Beobachters einnehmen. Versuchen Sie sich darin,

Situationen ausschließlich damit zu beschreiben, was Sie sehen und hören können. In unserem Beispiel auf dem Spielplatz wäre eine wertfreie Beobachtung: „Mein Kind und sein Freund sitzen zusammen und reden." Mehr wissen Sie nicht, da Sie nur das, was Sie sehen, beschreiben können. Beim Abendessen könnten Sie beobachten: „Der Teller meines Kindes ist heruntergefallen." Sie können jetzt noch nichts über die Intentionen Ihres Kindes wissen, daher können Sie nur beschreiben, was Sie auch sehen können.

Seien Sie verständnisvoll mit sich selbst, wenn es nicht direkt klappt, alle Situationen wertfrei zu beobachten. Sie haben im Laufe Ihres Lebens gelernt, Situationen so schnell wie möglich einzuschätzen, um Gefahren von sich und Ihren Lieben fernzuhalten. Das ist ein Urtrieb, so funktioniert unser Gehirn. Sich das wieder abzugewöhnen ist ein langer Weg, aber er ist es wert. Wenn Sie es schaffen, Situationen neutral zu beobachten, werden Sie feststellen, dass sich alle Menschen inklusive Ihrem Kind wohler bei Ihnen fühlen.

Ihr Kind wird Ihnen mehr erzählen als zu vor, denn niemand von uns mag es gerne, bewertet oder vorschnell verurteilt zu werden. Wenn Ihr Kind bei Ihnen das Gefühl hat, dass Sie sich neutral und unvoreingenommen alles anhören, dann wird sein Vertrauen zu Ihnen wachsen und die Kommunikation wird fließender und einfacher.

Um das wertfreie Beobachten zu üben, sehen Sie sich aufmerksam in Ihrem Alltag um. Beschreiben Sie nur für sich die Situationen, die sie beobachten können und behalten Sie sich dabei kritisch im Auge, ob Sie auch wirklich wertfrei bleiben. Ein kleiner Tipp: Nutzen Sie bei Ihrer Beschreibung Wörter wie: leider, gut oder schlecht sind Sie schon in die Bewertung gerutscht.

GEFÜHLE –WAS FÜHLEN SIE VS. WAS DENKEN SIE?

Der nächste Schritt in der gewaltfreien Kommunikation ist, die wertfreie Beobachtung, die Sie gemacht haben mit den Gefühlen zu verknüpfen, die sie in Ihnen auslöst. Doch manchmal ist das einfacher gesagt als getan. Sie möchten nicht, dass Ihr Kind etwas anstellt, weil sich das nicht gehört, doch ist das ein Gefühl? Sie wollen nicht, dass Ihr Kind Dinge vom Tisch schmeißt, weil das schlechtes Benehmen ist, doch welches Gefühl steckt wirklich dahinter?

Zunächst sollten Sie lernen, klar zu trennen zwischen Gefühlen und Gedanken. Gedanken sind Meinungen oder Konstrukte, die in Ihrem Kopf gebildet werden. Gefühle hingegen sind Zustände des Körpers, die Sie spüren können (angenehmes Kribbeln im Magen durch Verliebtsein, Wärme in der Brust, wenn man sich freut). Wenn Sie also zu Ihrem Kind am Tisch sagen: „Ich fühle mich, als würdest du mich mit Absicht ärgern", ist das kein Ausdruck Ihrer Gefühle, Sie drücken einen Vorwurf aus, den Sie in Ihrem Kopf gebildet haben. Die Aussage: „Ich bin frustriert", wäre dagegen ein wirklicher Ausdruck Ihrer Gefühle.

Denken Sie dabei daran, wertfrei in Ihrer Aussage zu bleiben. „Ich bin frustriert, weil ich das Gefühl habe, du ärgerst mich mit Absicht", ist kein Ausdruck Ihrer Gefühle, da hat sich schon wieder der Gedanke eingeschlichen, dass Ihr Kind Sie mit Absicht ärgert.

Doch warum passiert es so schnell, dass Gefühle mit Gedanken verwechselt werden? Das liegt ebenfalls an der Erziehung, die wir als Kinder selbst erfahren haben. Kennen Sie noch den Satz: „Ein

Indianer kennt keinen Schmerz?" oder auch „Echte Männer weinen nicht?". In einer Leistungsgesellschaft wie unserer lernen Kinder schnell, ihre Gefühle zu unterdrücken, um „stark" zu erscheinen. Wir setzen es in unserem Leben fort, dürfen das „Gesicht nicht verlieren": Doch diese Einstellung schleicht sich schnell auch in die Beziehungen ein, in denen wir offen sein sollten. Zwischen Freunden, Ehepartnern und Eltern und Kindern. Lösen Sie sich von der Vorstellung, Sie dürften niemals schwach sein und zugeben, dass sie traurig sind oder ausgebrannt. Seien Sie ehrlich mit Ihren Kindern, denn Kinder merken schnell, wenn man ihnen etwas vormacht. Sie werden sehen, wenn Sie sich öffnen und lernen, Ihre Gefühle richtig auszudrücken, wird Ihnen Ihr Kind schnell darin nachfolgen und die Kommunikation zwischen Ihnen wird leichter. Gehen Sie mit gutem Beispiel voran, auch, wenn es Mut kostet.

Wertfrei Ihre wirklichen Gefühle ausdrücken zu können, hilft Ihnen im Anschluss dabei, Ihre Bedürfnisse zu erkennen und diese äußern zu können. Gerade von uns als negativ empfundene Gefühle äußern meist ein wichtiges Bedürfnis, das in diesem

Moment nicht erfüllt wird. Um das Erkennen Ihrer eigenen Gefühle zu trainieren, halten Sie ab und zu in Ihrem Alltag inne und nehmen Sie sich einige Minuten Zeit. Wie fühlen Sie sich gerade?

Was sagt Ihnen Ihr Körper? Und was würden Sie jetzt gerade brauchen? Wenn Sie besser lernen möchten, die Gefühle anderer zu erkennen bleiben Sie in Unterhaltungen aufmerksam und fragen Sie nach: „Und das macht dich traurig?" „Bist du deswegen wütend?" Es ist nicht nur eine gute Übung für Sie, sondern zeigt Ihren Mitmenschen auch, dass Sie aufmerksam bei der Sache sind und ihnen zuhören.

BEDÜRFNISSE – WAS BRAUCHEN SIE?

Sie sind wütend, traurig, gestresst – was also brauchen Sie? Welches Bedürfnis ist bei Ihnen gerade nur mangelhaft befriedigt? Seien Sie ehrlich mit sich selbst und denken Sie daran, ein Bedürfnis stellt in keinem Fall Bedürftigkeit dar. Sie sind nicht schwach, weil Sie das Bedürfnis haben zu trinken, Ihr Körper braucht das zum Überleben. Dann sind Sie im Umkehrschluss auch nicht schwach, wenn Sie das Bedürfnis nach Ruhe oder Zuneigung haben, Sie brauchen das zum Überleben.

Sie haben also eine Situation wertfrei beobachtet und Ihre Gefühle dabei beschrieben, doch wie wissen Sie jetzt, was Ihr Bedürfnis ist? Da jeder Mensch individuell ist, kann man das pauschal leider nicht sagen, es gibt keine Tabelle, die Ihnen dabei weiterhelfen kann. Hier müssen Sie wieder auf die vorher beschriebene Innenschau zurückgreifen. Seien Sie empathisch mit sich selbst und erforschen Sie, welches Bedürfnis in Ihnen gerade nicht befriedigt ist. Hilfreich hierbei ist, sich etwas vorzustellen und zu sehen, wie Ihr Körper und Geist darauf reagiert. Stellen Sie sich vor zu schlafen, wenn das Sehnsucht in Ihnen auslöst, haben Sie das Bedürfnis nach Ruhe. Seien Sie kreativ, es wird mit der Zeit immer einfacher und schneller gehen, dass Sie Ihre Bedürfnisse erkennen und benennen können.

Ihr Kind hat also am Tisch wieder den Teller heruntergeworfen, Sie wissen bereits, dass Sie davon frustriert sind, doch was ist das Bedürfnis dahinter? Vielleicht sind Sie frustriert, weil Sie wieder den ganzen Boden wischen müssen, obwohl Sie das heute schon einmal getan haben, Sie haben also das Bedürfnis nach Entspannung. Oder Sie sind frustriert, weil Ihnen Ihre Nachbarin heute erneut erzählt hat, wie gut sich Ihr Kind benimmt und Sie glauben jetzt, Sie sind ein schlechter Elternteil. Sie haben das Bedürfnis nach Wertschätzung und gutem Zuspruch. Bleiben Sie neugierig und erforschen Sie, was hinter Ihren Gefühlen steckt, es lohnt sich.

Eine gute Übung ist, wie bei dem Erkennen Ihrer Gefühle, in Ihrem Alltag inne zu halten und sich zu Fragen: „Was brauche ich jetzt gerade?". Wenn Sie sich unsicher sind, probieren Sie es aus, Ihre körperliche Reaktion wird Ihnen einen Hinweis darauf geben, ob Sie sich auf dem richtigen Weg befinden. Fragen Sie bei Unterhaltungen Ihr Gegenüber ebenso danach, was es jetzt gerade braucht. Es wird nicht nur Ihnen helfen, die Bedürfnisse von anderen besser zu erkennen, es wird auch Ihre Beziehungen um einiges bereichern.

DIE BITTE – WIE KOMMUNIZIEREN SIE?

Sie haben jetzt die Situation wertfrei wiedergegeben, Ihre Gefühle richtig erkannt und Ihre Bedürfnisse dahinter ebenfalls, jetzt nehmen Sie sich kurz Zeit, um sich selbst auf die Schulter zu klopfen. Es erfordert viel Mut und Hingabe, sich selbst so gut zu kennen. Nun geht es darum, Ihrem Kind gegenüber all dies richtig ausdrücken zu können.

Im vierten und letzten Schritt formulieren Sie eine Bitte an Ihr Kind. Hier ist ebenfalls wieder Vorsicht geboten, wertfrei zu bleiben. Zuallererst sollte Ihnen klar sein, dass es nicht die Aufgabe Ihres Kindes ist, Ihre Bedürfnisse zu erfüllen. Das ist Ihre Aufgabe. Aber Sie können Ihr Kind bitten, Sie dabei zu unterstützen. Indem Sie Ihr Kind um etwas bitten und es nicht befehlen oder fordern, bauen Sie eine Verbindung zu Ihrem Kind auf, die von Mitgefühl und Vertrauen geprägt ist. Ihr Kind wird es spüren und sich wertgeschätzt und respektiert fühlen.

Ihr Kind hat also gerade beim Essen wieder den Teller heruntergeworfen, Sie fühlen sich frustriert dadurch, weil Sie das Bedürfnis nach Entspannung haben und nicht putzen wollen nach einem anstrengenden Tag. Sie können nun eine Zusammenfassung von Rosenberg zu Hilfe nehmen, um sich richtig auszudrücken: „Wenn ich *a* sehe, dann fühle ich *b*, weil ich *c* brauche. Deshalb möchte ich jetzt gerne *d*.“

Sie könnten Ihrem Kind also sagen: „Dass du deinen Teller heruntergeworfen hast, ist okay, aber ich fühle mich jetzt frustriert, weil ich das Bedürfnis nach Entspannung habe und nicht putzen möchte. Deshalb würde ich dich bitten, das selbst aufzuräumen.“

Denken Sie daran, es bleibt Ihrem Kind überlassen, ob es die Bitte erfüllt oder nicht. Es sollte nicht Ihrem Wunsch entsprechen, es dazu zu zwingen. Hängen Sie keinerlei Konsequenzen bei nicht-Erfüllung an Ihre Bitte. „Wenn du das nicht selbst aufräumst, dann bin ich weiter frustriert und traurig“, ist emotionale Erpressung. Sie geben Ihrem Kind in diesem Moment die Verantwortung für Ihr Wohlergehen und diese Verantwortung sollte niemand tragen, außer Sie selbst. Formulieren Sie einfach Ihre Bitte und sehen Sie, was geschieht.

Natürlich müssen Sie Ihre Bitte immer daran anpassen, wie alt Ihr Kind ist und was es schon allein kann oder was Sie ihm bereits erzählen können. Versuchen Sie, soweit es geht, immer ehrlich mit Ihrem Kind zu sein, erklären Sie ihm, warum Sie Entspannung nötig haben und trauen Sie Ihrem Kind zu, dass es diese Dinge auch begreifen kann.

Üben Sie täglich respektvoll, um die Dinge zu bitten, die Sie gerade brauchen und fragen Sie, wenn es Ihnen möglich ist, andere Menschen nach Feedback. Um das zu bitten, was wir brauchen, kostet eine ganze Menge Mut, also seien Sie mutig, es wird sich für Sie und Ihre Mitmenschen lohnen. Und, wenn Sie einmal auf Unverständnis stoßen, weil Sie plötzlich anders mit Ihren Freunden sprechen, dann erklären Sie, was Sie gerade lernen und viele werden neugierig Ihrer Reise folgen.

Und nun nehmen Sie sich noch einmal die Zeit, sich selbst auf die Schulter zu klopfen. Herzlichen Glückwunsch, dass Sie so weit gekommen sind!

Kommunikation mit Kindern

DAS BESONDERE AN DER GEWALTFREIEN KOMMUNIKATION MIT KINDERN

Sich an eine neue Art der Kommunikation zu gewöhnen, dauert seine Zeit, worauf Sie allerdings achten sollten, ist, authentisch zu bleiben. Die Formulierung Ihrer Bedürfnisse und Gefühle sollte für Ihre Kinder nicht zu gestelzt klingen, versuchen Sie nicht höflich zu sein, sondern ehrlich. Fangen Sie Sätze von vorne an, wenn Sie bemerken, dass Sie etwas übersehen haben.

Korrigieren Sie sich selbst und entschuldigen Sie sich für Fehler. Sie sind nicht perfekt und das erwartet auch niemand von Ihnen, aber wie zuvor schon erwähnt, haben Kinder sehr feine Antennen dafür, wenn man Ihnen gegenüber nicht ehrlich ist. Sie riechen Lügen über Kilometer entfernt, wenn auch manchmal nicht direkt bewusst, also bleiben Sie bei der Wahrheit und erklären Sie sich Ihrem Kind gegenüber, wenn es nötig sein sollte. Schlussendlich führen Sie zu Ihrem Kind eine Beziehung, der Liebe zu Grunde liegt, egal, wie oft es in der Vergangenheit zwischen Ihnen gekracht hat, rufen Sie sich das immer wieder ins Gedächtnis.

Schuldgefühle und Druck sollte Ihr Kind in keinem Moment der gewaltfreien Kommunikation spüren. Erinnern Sie sich konstant daran, dass Sie Ihr Kind um etwas bitten, es ist seine Entscheidung, ob es die Bitte erfüllt. Behalten Sie die Verantwortung, Ihre Bedürfnisse zu erfüllen, bei sich, diese Belastung ist für Kinder enorm. Vermeiden Sie Sätze wie: „Dann bin ich aber traurig, wenn du das nicht machst" oder „Es ist deine Entscheidung, ob du es tust oder nicht, aber wenn du es nicht tust, dann bin ich traurig." Ihr Kind würde so lernen, dass emotionale Erpressung ein adäquater Weg ist, um zu bekommen, was es will und aus solchen Sätzen wird schnell ein Muster, in dem Kinder weinen, schmollen oder schreien, bis sie bekommen, was sie wollen. Doch darum geht es nicht. Die gewaltfreie Kommunikation ist kein Garant dafür, von Ihrem Kind zu bekommen, was Sie wollen. Sie laden Ihr Kind ein, Sie zu unterstützen und geben ihm die freie Entscheidung, ob es dies tun möchte oder nicht.

Ebenso wichtig in der gewaltfreien Kommunikation mit Kindern ist, ihnen denselben Respekt entgegenzubringen, wie einem Erwachsenen in derselben Situation. Trauen Sie Ihrem Kind zu, Sie zu verstehen und zu begreifen, was Sie ihm erklären. Trauen Sie ihm zu, natürlich je nach Alter, eigene Entscheidungen zu treffen und respektieren Sie es, wenn Ihr Kind etwas nicht möchte. Auch Kinder sind eigenständige Menschen, die es verdient haben, frei zu sein in ihren Entscheidungen.

Vergessen Sie Bewertungen wie „gut" und „schlecht" in der gewaltfreien Kommunikation. Jedes Bedürfnis ist in Ordnung und jedes Gefühl darf gespürt werden. Wenn Sie sich selbst gegenüber die gewaltfreie Kommunikation anwenden, dann gehen Sie dazu über, sie auch bei anderen anzuwenden. Wenn Ihr Kind Ihnen etwas erzählt, hören Sie aktiv zu, fragen Sie nach, versuchen Sie, zu verstehen, was für ein Bedürfnis Ihr Kind in diesem Moment hat. Als Kinder fällt es uns im Allgemeinen nicht so schwer, zu artikulieren, was wir möchten und brauchen wie als Erwachsene, probieren Sie es einfach aus. Nehmen Sie es ernst, wenn Ihr Kind Angst hat oder sich Sorgen macht aus Gründen, die Sie eventuell nicht nachvollziehen können. Respektieren Sie die Beweggründe Ihres Kindes und sorgen Sie dafür, dass es sich bei Ihnen wohlfühlt. Sollten Sie Ihr Kind einmal nicht verstehen, ist das auch in Ordnung, sprechen Sie darüber und, wenn Sie auch nach einigen Erklärungen nicht nachvollziehen können, was in Ihrem Kind vorgeht, machen Sie deutlich, dass das in Ordnung ist. Auch Sie müssen nicht immer alles verstehen.

WARUM DIE GEWALTFREIE KOMMUNIKATION FÜR KINDER SO WICHTIG IST

Mit der gewaltfreien Kommunikation tun Sie sich nicht nur selbst einen Gefallen, Sie geben auch Ihrem Kind ein äußerst nützliches Werkzeug für sein späteres Leben an die Hand.

Wie oben bereits kurz erwähnt, lernen Kinder viel über das sogenannte Modelllernen. Dies ist ein Lernmodell von Albert Bandura nach dessen Definition Kinder von Modellen, die sie achten und respektieren, Verhaltensweisen lernen und nachahmen. In den meisten Fällen sind die Eltern ein solches respektiertes Modell und Sie können diese Methode nutzen, um Ihrem Kind nützliche Dinge beizubringen. Das Wichtigste dabei ist, dass Ihr Kind spürt, dass Sie es mit der Methode der gewaltfreien Kommunikation ernst meinen. Sie greifen nicht nur darauf zurück, weil Sie sich sonst nicht anders zu helfen wissen, sondern, weil Sie davon überzeugt sind, dass sie funktioniert. Modelle müssen authentisch sein, damit Kinder Sie als Lehrer akzeptieren.

Das Modelllernen funktioniert aber genau so auch umgekehrt. Haben Sie selbst nie gelernt, Ihren

Gefühlen Ausdruck zu verleihen und schlucken Sie viel hinunter, werden Sie erleben, dass auch Ihr Kind immer verschlossener wird. Haben Sie gelernt, dass Sie sich mit lauter Stimme oder Schreien Gehör verschaffen können, dann wird auch Ihr Kind wahrscheinlich auf diese Methode zurückgreifen.

Kinder sind gerade in ihren frühen Jahren stark geprägt von den Menschen, mit denen Sie die meiste Zeit verbringen. Wenn Sie sich also fragen, warum Ihr Kind so viel schreit, schmollt, uneinsichtig ist oder eventuell sogar versucht, andere zu verletzen, sollten Sie als allererstes in den Spiegel schauen. Das ist hart und kann ungemütlich werden, aber machen Sie sich klar, dass auch Sie nur darauf zurückgreifen, was Sie als Kind gelernt haben. Seien Sie mitfühlend mit sich selbst, werden Sie sich bewusst, woher Ihr Kind Verhaltensweisen hat, die problematisch sein können und ändern Sie diese als Erstes bei sich selbst. Erwarten Sie nicht von Ihrem Kind es besser zu machen, ohne sich selbst an die eigene Nase zu fassen.

So wie Sie gelernt haben, wie Sie mit schwierigen Situationen umgehen als Sie ein Kind waren, wird es auch Ihrem Kind später gehen. Also sorgen

Sie dafür, dass Ihr Kind sich gut ausdrücken kann, seine Bedürfnisse und Gefühle klar kommunizieren kann und in Konfliktsituationen nicht auf Gewalt, Zwang oder emotionale Erpressung zurückgreift. Es liegt an Ihnen.

WENN ERKLÄRUNG HILFREICH SEIN KANN

Jeder Mensch ist unterschiedlich und sollte es Ihnen ein Bedürfnis sein, Ihrem Kind die gewaltfreie Kommunikation zu erklären, dann können Sie auf die Wolfssprache und die Giraffensprache zurückgreifen.

Wölfe verteidigen sich mit Klauen und Zähnen, sie kämpfen, wenn sie bedroht werden. Kommunikation, die bewertet, verurteilt oder sogar verletzt, ist die Wolfssprache. Man fühlt sich in eine Ecke getrieben, zeigt die Zähne und fährt die Krallen aus, um sich selbst zu verteidigen. Sie kennen sicherlich diese Art von geringschätzender Kommunikation, jedes Wort fühlt sich an wie ein Peitschenhieb, das Gegenüber versucht einen beinahe mit Worten zu schlagen. Erklären Sie Ihrem Kind, dass diese Art der Kommunikation zu keinem Ergebnis führt, man findet keine Lösung, sollte es um ein Problem gehen und man fühlt sich danach verletzt und möchte am liebsten nie wieder mit dem anderen sprechen.

Giraffen sind die Säugetiere mit den größten Herzen und stehen für das Mitgefühl. Mit ihrem langen Hals können sie jede Situation genau überblicken und sehen alles, was wichtig sein kann. Die gewaltfreie Kommunikation ist die Giraffensprache. Mit ihr versucht man, den Hals ganz weit zu recken und den Anderen wirklich zu verstehen, alles zu sehen, was wichtig sein könnte und seinem Gegenüber mit viel Mitgefühl zu begegnen.

Nutzen Sie diese Metapher auch für sich selbst, nehmen Sie sich die Giraffe zum Vorbild, die versucht, den anderen zu verstehen und alles zu sehen, was wichtig ist und vielleicht hinter wütend ausgesprochenen Worten stecken kann. Seien Sie kein Wolf, der Andere absichtlich Worten verletzt. Seien Sie die freundliche Giraffe mit dem großen Herzen.

Nützliche Tipps und Übungen

WENN SIE VOR WUT PLATZEN KÖNNTEN

In der Arbeit hatte Ihr Chef etwas an Ihnen auszusetzen, Ihre Mutter hat wieder angerufen, um Sie mit Smalltalk zu langweilen, obwohl Sie hundert Dinge zu tun hatten und dann treten Sie im Wohnzimmer schon wieder auf das Spielzeug Ihres Kindes, das daneben sitzt und in aller Ruhe spielt. In solchen Situationen möchte man gerne fähig sein, vor Wut zu explodieren. Man will herumschreien und gegen etwas treten, doch manchmal ist das leider keine Option. Doch was kann man sonst tun? Zuallererst denken Sie wie immer daran, wütend zu sein ist normal und in Ordnung, das was uns Probleme an der Wut bereitet ist, wie wir reagieren, wenn wir sie fühlen. Sie sind wie jeder andere Mensch nicht perfekt und haben jedes Recht der Welt, wütend zu werden. Tun Sie das jedoch vor Ihrem Kind, kann das zu ernsthaftem Schaden bei ihm führen. Sie sollten es, wenn möglich, vermeiden, Ihr Kind anzuschreien, Gewalt führt immer zu mehr Gewalt. Auch, wenn Schreien keine physische Gewalt ist, kann es Kinder sehr verletzen, weil es ihnen Angst macht. Bevor Sie also auch den Nachbarn mitteilen, was gerade in Ihnen vorgeht, versuchen Sie, einige dieser Übungen.

Tief durchatmen. Klingt banal, aber es hilft wirklich. Sind wir wütend, atmen wir unregelmäßig, der Körper geht in den Ausnahmezustand und schüttet vermehrt Adrenalin aus, damit Sie kampfbereit sind. Ihr Herz klopft schneller und das Blut rauscht Ihnen durch die Adern. Nehmen Sie sich die Zeit und atmen Sie mindestens dreimal tief ein und wieder aus. Durch die Nase ein, bis sich Ihre Bauchdecke etwas nach außen wölbt und dann durch den Mund langsam wieder aus. Ihr Puls wird sich beruhigen und Ihr Körper fährt die Adrenalin Produktion wieder herunter. Die Kampfbereitschaft ist wieder ausgeschaltet und Sie können ruhiger mit jeder Situation umgehen.

Manchmal ist man jedoch so sehr erfüllt mit Wut, dass es nicht mehr hilft, einfach nur zu atmen. Wut setzt Energie in Ihrem Körper frei, werden Sie sie wieder los. Sollten Sie in einem Konflikt mit Ihrem Kind sein, teilen Sie ihm mit, wie es Ihnen gerade geht und bitten Sie es darum, Sie für ein paar Minuten zu entschuldigen, wenn es Ihnen möglich ist. Rennen Sie eine Runde um den Block, hängen Sie sich einen Boxsack in Ihr Arbeitszimmer oder treten Sie wirklich ein paar Mal gegen etwas. Aber bitte suchen Sie sich etwas Weiches, damit Sie sich nicht verletzen.

Sollte es Ihrem Kind nicht anders gehen als Ihnen, laden Sie es ein, mit Ihnen gemeinsam die Energie raus zu lassen. Machen Sie gemeinsam Sport oder schlagen Sie auf die schönen Sofakissen ein. Wenn es Ihnen nicht möglich ist, die Energie so loszuwerden, hilft es manchmal auch einfach zu schreien. Zu Anfang kommt man sich etwas merkwürdig dabei vor, aber es hilft. Damit die Nachbarn nicht vom Sofa fallen können Sie auch in ein Kissen brüllen. Nehmen Sie sich selbst nicht so ernst und probieren Sie es aus. Wenn Sie danach lachen müssen, umso besser. Lachen löst Wut meist in heißen Rauch auf.

BESTRAFUNG, ZWANG UND BELOHNUNG

Wer ist nicht mit ihnen aufgewachsen: Bestrafung, Zwang und Belohnung. Hat man in der Schule eine schlechte Note geschrieben, durfte man zur Strafe nicht mehr mit den Freunden raus, war man auf einem Familienfest zu laut und hibbelig, hat einen die Mutter gezwungen, still zu sitzen und hat man etwas gut gemacht, hat man eine Belohnung erhalten. Doch dieses System hat ganz klare Grenzen und Nachteile und wird deshalb in der gewaltfreien Kommunikation nicht angewendet. Belohnungen genau so wenig wie Bestrafungen, aber warum?

Dazu können Sie sich zwei schlichte Fragen nach Marshall Rosenberg stellen, die in Verbindung miteinander sehr schnell klar machen, warum diese Konzepte überholt sind. Fragen Sie sich zuerst: „Warum wollen Sie, dass Ihr Kind sich anders verhält als es das bisher getan hat?" Warum wollen Sie, dass Ihr

Kind nett zu anderen Kindern ist? Weil es Ihr Kind sonst später im Leben schwer haben wird, es wird keine Freunde finden, in der Schule Probleme haben und im Beruf später auch. Das sind gute Gründe. Sie wollen nur das Beste für Ihr Kind. Nun zur zweiten Frage: „Aus welcher Motivation heraus, soll Ihr Kind das tun?" Nehmen wir an, Sie zwingen Ihr Kind durch Bestrafung und Belohnung, nett zu anderen zu sein. Sie sind spätestens dann aufgeschmissen, wenn Ihr Kind zu alt wird, um es bestrafen zu können. Dann lernt es, dass niemand es mehr zwingen kann, nett zu sein und das wird es ausnutzen, die Freiheit tun zu können, was es will. Sie haben Ihr Kind mit extrinsischer Motivation versucht dazu zu bewegen, nett zu sein, sobald diese extrinsische Motivation, also die Motivation von außen durch Belohnung und Bestrafung, wegfällt, hat es nicht länger die Motivation, nett zu sein.

Im Gegensatz zur extrinsischen Motivation steht die intrinsische Motivation, ein innerer Antrieb, der uns motiviert, bestimmte Dinge zu tun. Diese Motivation vergeht nicht und sie braucht keine äußere Verstärkung. Wenn Sie Ihrem Kind mit der gewalt–freien Kommunikation vorleben mitfühlend und respektvoll mit anderen umzugehen, dann wird es Sie als Vorbild nehmen. Es wird die intrinsische Motivation entwickeln, nett zu anderen zu sein, weil es erlebt hat, wie gut es tut, wenn es selbst so behandelt wird.

Genau so funktioniert es mit all den anderen Dingen, die Sie gerne für Ihr Kind möchten. Hat es erlebt, dass Sie es bei Frustration und Wut ernst nehmen und sich geduldig anhören, was los ist, um anschließend gemeinsam eine Lösung zu finden, wird es nicht mehr so oft in trotzigen Anfällen versinken. Hat es erlebt, dass Sie sich unvoreingenommen schwierigen Situationen widmen und „Fehlverhalten" nicht bestrafen, sondern nach Gründen suchen, warum es dazu gekommen ist und Lösungen, damit es nicht mehr passiert, wird Ihr Kind Ihnen auch weiterhin alles erzählen. Es weiß, dass es bei Ihnen einen sicheren Hafen hat, indem es nicht verurteilt wird und in dem Raum für „Fehler" und Menschlichkeit vorhanden ist. Geben Sie Ihrem Kind diese Sicherheit.

Natürlich ist die gewaltfreie Kommunikation kein Garant dafür, dass sich Ihr Kind so entwickelt, wie Sie das möchten. Dafür gibt es keinen

Geheimtipp. Lösen Sie sich von der Idee, dass Ihr Kind so werden müsste, wie Sie es möchten. Ihr Kind ist ein eigenständiger Mensch, es hat das Recht, sich so zu entwickeln, wie es will, auch schon in jungen Jahren.

VERNÜNFTIG GRENZEN SETZEN

Die gewaltfreie Kommunikation ist kein Freifahrtschein für Ihr Kind, um machen zu können, was es will. Kinder brauchen Grenzen. Es gibt sicherlich auch Argumente in eine andere Richtung, aber Grenzen sind für Kinder wichtig, damit Sie sich sicher fühlen. Grenzen sind dafür da, dass Kinder sich in Ruhe ausprobieren können, ohne Angst haben zu müssen, dass etwas passiert.

Gerade sehr junge Kinder können noch nicht einschätzen, was für Folgen ihr Verhalten oder ihr Tun haben kann, dafür sind Sie da. Sie tragen in der Kindheit Ihres Kleinen die Verantwortung für ihn, bis er lernt, sie selbst zu übernehmen. Ihr Kind kann noch nicht einschätzen, dass es müde sein wird, wenn es so lange wach bleibt wie Sie. Erklären Sie ihm, warum es früher ins Bett gehen darf als Sie, lassen Sie es vielleicht einmal ausprobieren, was passiert, wenn es später zu Bett geht. Setzen Sie die Grenzen, die Ihrem Kind guttun, konsequent und denken Sie immer daran: Grenzen sind dafür da, um Sie zu biegen und manchmal auch zu brechen.

Setzen Sie absolut keine Grenzen und lesen Ihrem Kind jeden Wunsch von den Augen ab, weil Sie glauben, das macht es in diesem Moment glücklich, dann wird Ihr Kind daraus lernen, dass es immer bekommt, was es will und das sofort. Es wird es irgendwann einfordern und Sie sind viel länger in der Verantwortung für das Glück Ihres Kindes, als es vielleicht gesund ist. Wenn Dinge nicht möglich sind, wie beispielsweise das Kaufen eines neuen Spielzeugs, obwohl gerade kein Geld da ist, verbiegen Sie sich nicht, weil Sie glauben, Ihr Kind bräuchte das, um glücklich zu sein. Abgesehen von den körperlich absolut notwendigen Bedürfnissen braucht Ihr Kind vor allem eins: Ihre Liebe. Also setzen Sie in Liebe zu Ihrem Kind sinnvolle Grenzen.

Ihr Kind wird sich an den Grenzen entlanghangeln und herausfinden wollen, was passiert, wenn es sie überschreitet. Nehmen Sie es nicht als persönlichen Angriff, es hat nichts mit Ihnen zu tun, und würzen Sie den ganzen Prozess mit einer großen Menge

Humor. Denn nicht nur Ihr Kind lernt im Leben mit Ihnen, sondern auch Sie lernen von Ihrem Kind. Bleiben Sie neugierig und passen Sie Grenzen an, wenn diese nicht länger passend sind.

Einem Kindergartenkind einzuschärfen, dass es nicht allein über die Straße gehen darf, ergibt durchaus Sinn. Kinder in diesem Alter lassen sich schnell ablenken und vergessen schon mal, ob sie gerade nach rechts oder links gesehen haben. Hat Ihr Kind gelernt, dass es bei einer Straße vorsichtig sein muss, ermutigen Sie es dazu, allein zu gehen. Lassen Sie zu, dass es Verantwortung für sich und sein Wohlergehen übernimmt, dann wird es das auch in Zukunft tun, wenn es älter wird. Wenn Sie Ihrem Kind zutrauen, dass es auf sich aufpassen kann, dann traut es sich das auch selbst zu und Sie ziehen einen wunderbaren Menschen groß, der später auf sich aufpassen kann und Verantwortung für sich selbst übernimmt.

Wenn Sie Grenzen setzen, dann überlegen Sie immer genau, was Sie damit erreichen möchten. Sie möchten, dass Ihr Kind immer bei Ihnen zuhause ist, damit Sie sichergehen können, dass es ihm gut geht? Tun Sie das, aber seien Sie sich über die

Konsequenzen darüber bewusst. Eventuell wird es schwierig für Ihr Kind, wichtige soziale Kontakte aufzubauen, weil andere Mütter nicht immer die Zeit haben, zu Ihnen zu kommen. Oder Ihr Kind wird selbst ängstlich davor, neue Orte zu entdecken, weil es Ihre Angst spürt. Seien Sie sich darüber bewusst, dass jede Grenze eine Konsequenz nach sich zieht und das muss nicht immer die sein, die Sie gerne hätten. Überlegen Sie also gut, was Sie wirklich für Ihr Kind wollen und seien Sie ab und zu mutig genug, es loszulassen. Vertrauen Sie mir, es wird immer zu Ihnen zurückkehren.

PERSPEKTIVENWECHSEL

Eine gute Übung für Sie und Ihr Kind ist der Perspektivenwechsel. Er schult die emphatischen Fähigkeiten und Sie können so ganz ohne Druck und Stress üben, in kritischen Situationen auch die Seite Ihres Gegenübers nachzuvollziehen.

Nehmen Sie sich mit Ihrem Kind oder auch gerne mit einem Freund ein wenig Zeit, Sie können gerne kreativ sein. Denken Sie sich eine Geschichte aus, in der Sie die eine Rolle spielen und Ihr Kind die andere. Überlegen Sie gemeinsam, wie sich die

Figuren in Ihren Geschichten in bestimmten Situationen fühlen könnten. Was macht es mit dem Drachen, der eigentlich nur neue Freunde wollte und vom tapferen Ritter gejagt wird? Wie fühlt sich die junge Hexe, als ein Zauber schief gegangen ist und sie ihre Mutter in eine Kröte verwandelt hat. Üben Sie gemeinsam mit Ihrem Kind, sich in andere Figuren hineinzuversetzen. Da Sie sich diese nur ausgedacht haben, fällt sofort jeder Druck von Ihnen und Ihrem Kind ab, etwas falsch zu machen.

Nachdem Sie diese Übung in einer stressfreien Umgebung probiert haben, können Sie dazu übergehen in kritischen oder Konfliktsituationen Ihrem Kind Fragen zu stellen. „Wie geht es dir dabei?" oder „Was fühlst du?", sind relativ profane Fragen, aber sie helfen uns, den anderen zu verstehen. Leben Sie Ihrem Kind vor, wie man empathisch mit anderen umgeht und es wird Ihrem Beispiel folgen. Erinnern Sie Ihr Kind immer wieder daran, sich in andere hineinzuversetzen, wenn es beispielsweise eine Auseinandersetzung mit einem Klassenkameraden oder Freund hat. Und suchen Sie dabei nicht nach Entschuldigungen für das Verhalten anderer, versuchen Sie einfach nur, ihre Beweggründe zu verstehen.

Mitgefühl ist eine starke Kraft in der Kommunikation.

Natürlich dürfen Sie auch bei dieser Übung nachsichtig mit sich selbst und Ihrem Kind sein. Gerade in Situationen, die einen selbst aufwühlen, verlangt es einiges an Disziplin, sich in den anderen hineinzuversetzen. Das geht auch gerne Mal schief, man liegt daneben oder projiziert die eigenen Gefühle auf das Gegenüber. Das ist in Ordnung, machen Sie Fehler und lernen Sie daraus, bleiben Sie nur mit Geduld bei der Sache, dann geht es Ihnen in Fleisch und Blut über und Sie müssen nicht mehr bewusst darüber nachdenken.

SCHREIBEN ALS KREATIVER KATALYSATOR

Tagebücher gehören für die meisten Frauen in die Zeit ihrer Jugend und den meisten Männern sind sie eher fremd, aber es kann Ihnen dabei helfen, sich selbst besser zu verstehen. Sie müssen kein Tagebuch anfangen und jeden Tag darin schreiben, aber es kann helfen, wenn Sie sich in Ruhe hinsetzen und gerade Situationen, die Sie beschäftigen oder aufgewühlt haben, noch einmal Revue passieren lassen.

Nehmen Sie sich ein Notizbuch und machen Sie sich Stichpunkte, schnappen Sie sich Ihren Laptop und tippen Sie drauf los, setzen Sie Ihrer Kreativität keine Grenzen und schauen Sie, was zu Ihnen passt. Schreiben Sie täglich oder nur, wenn Sie es brauchen, probieren Sie sich aus, ob es etwas für Sie ist. Schreiben Sie, wenn Sie wütend sind, traurig oder ausgebrannt. Setzen Sie sich einmal keine Grenzen, schalten Sie jeden Filter aus, den Sie normalerweise haben. Vergessen Sie Worte wie „sollte" und „müsste" und legen Sie los.

Mit der Zeit werden Sie sich selbst besser kennen lernen, Sie werden verstehen, warum Sie bestimmte Dinge tun und es wird Ihnen helfen, nicht den ganzen Tag daran festzuhalten. Schreiben Sie es auf, dann haben Sie den ersten Schritt getan, die Gedanken aus Ihrem Kopf zu lassen. Gerade, wenn Sie einen sehr stressigen Alltag haben, kann es enorm hilfreich sein sich fünf Minuten am Tag Zeit zu nehmen, um über sich selbst nachzudenken. Und die fünf Minuten haben Sie!

Kennen Sie sich selbst besser und verstehen Sie sich selbst besser, können Sie besser kommunizieren. Sie können klar und deutlich formulieren, was Sie brauchen, wenn Sie es brauchen. Es wird Ihr Leben um einiges einfacher machen.

MEDITATION

Meditation hat sich auch in unseren Breitengeraden immer mehr zum Trend entwickelt und sie bringt viele Vorteile mit sich. Wenn Sie auch einer der Menschen sind, die Meditation niemals etwas abgewinnen konnten, dann probieren Sie es einfach mal aus. Eine richtige Meinung kann man sich ja schließlich nur bilden, wenn man es versucht hat.

Es gibt viele verschiedene Methoden der Meditation, die wohl Berühmteste ist der Guru mit dem leichten Lächeln auf den Lippen, der stundenlang im Lotussitz sitzen kann und sich nicht einen Millimeter bewegt. Aber das ist nur eine Art der Meditation, das Schöne an ihr ist, es gibt unzählige, denn bei Meditation kann man absolut nichts falsch machen. Sitzen Sie, wie Sie möchten, machen Sie es so lange und wo auch immer Sie wollen, Bewegen Sie sich dabei oder singen Sie, es ist vollkommen egal. Meditation heißt nur, eine Zeit lang nichts zu tun. Wie Sie nichts tun, können Sie völlig frei entscheiden.

In der westlichen Leistungsgesellschaft ist

nichts tun allerdings nicht sehr gerne gesehen. Probieren Sie es dennoch und wenn es Ihnen unmöglich erscheint, praktizieren Sie doch einfach bewegte Meditation: Yoga. Das ist ebenfalls sehr im Trend, es gibt viele Klassen und auch online Angebote und man braucht beinahe nichts, um damit zu starten. Oder gehen Sie in der Natur spazieren, gemeinsam mit Ihrem Kind oder auch gerne allein, wenn sich das einrichten lässt.

Kinder verstehen ganz im Gegensatz zu Erwachsenen das Konzept der Meditation recht schnell. Sie brauchen keine Anleitung dafür, wie viele von uns sie sich wünschen. Laden Sie also auch gerne Ihr Kind ein, zehn Minuten am Tag schweigend mit Ihnen zu verbringen, wenn es bei Ihnen jedoch für Stress sorgt, Ihr Kind dabei zu haben, weil Sie Angst haben, dass es jede Sekunde etwas sagt, dann starten Sie am besten allein.

Eine kurze Zeit am Tag nichts zu tun hilft, den Kopf frei zu bekommen, es befriedigt das Bedürfnis nach Ruhe und Abgeschiedenheit, ein wenig Zeit nur für Sie allein. Sorgen Sie dafür, dass Sie sich selbst guttun, ob das jetzt mit Meditation geschieht oder durch Zeit, die Sie sich für sich nehmen. Sport,

Spaziergänge, ein schönes Bad, Lesen oder wonach auch immer Ihnen der Sinn steht.

Wie Ihnen das nun bei der gewaltfreien Kommunikation helfen soll? Ganz einfach – Mitgefühl. Das Hauptstandbein der Kommunikationsmethode gilt nicht nur für alle anderen, es gilt ebenso für Sie! Haben Sie Mitgefühl mit sich selbst und tun Sie sich etwas Gutes. Sie werden sehen, dass Sie wesentlich entspannter sind und mit schwierigen Situationen besser umgehen können. Erwarten Sie keinen Wandel über Nacht, sondern bleiben Sie geduldig. Solche Veränderungen brauchen Zeit. Und das Beste an der Sache: Wenn Sie Ihrem Kind vorleben, dass es gut und richtig ist, sich um sich selbst zu kümmern, dann wird es das von Ihnen übernehmen. Es wird Ihnen seine Bedürfnisse schlichtweg mitteilen, anstatt es Ihnen auf versteckte Weise und über lange Umwege zu verstehen zu geben.

NEHMEN SIE ES NICHT PERSÖNLICH

Kinder großzuziehen kann manchmal ein undankbarer Job sein. Man gibt sich alle Mühe, damit sie ein Dach über dem Kopf haben, Essen im Magen und das Gefühl haben, geliebt zu werden und am Ende des Tages wird man dennoch angeschrien.

Tun Sie sich selbst und Ihrem Kind einen Gefallen und nehmen Sie es nicht persönlich. Wie ist das denn gemeint? Kinder schreien, sie führen sich auf und schmeißen mit Dingen durch die Gegend. Seien Sie sich bewusst darüber, dass sie das nicht tun, um Sie zu verletzen. Kindern ist das Konzept fremd, anderen weh zu tun, sie handeln aus anderen Überzeugungen und Bedürfnissen heraus.

Es gibt Kinder, die ihre Eltern ständig anschreien, manchmal schreien die Eltern dann zurück, weil sie sich persönlich angegriffen fühlen. Manche Kinder schreien, aber einfach nur, weil sie gerade schreien möchten. Nehmen die Gefühle in dem kleinen Körper überhand, brauchen Kinder ein Ventil, um Wut, Ärger oder Trauer Luft zu machen und einige schreien dann. Sie schreien aber keinesfalls Sie an, ihren Elternteil, sie schreien einfach nur.

Treten Sie in solchen Momenten innerlich einen Schritt zur Seite und beobachten Sie ihr Kind genau: Warum schreit es? Wie können Sie ihm in dieser Situation helfen? Das wird Sie wesentlich weiterbringen, als einfach zurückzuschreien.

Üben Sie mit Ihrem Kind, seinen Gefühlen anders Ausdruck zu verleihen, als Sie anzuschreien oder mit Dingen um sich zu werfen. Probieren Sie es mit Sport oder lassen Sie Ihr Kind auch einmal ganz bewusst einfach schreien. Egal, was sie tun, denken Sie immer daran: Nehmen Sie es nicht persönlich!

BEWUSSTE WORTE WÄHLEN

In unseren Wortschatz schleichen sich viele Begriffe und Redewendungen ein, die gerade für Kinder sehr verletzend sein können. Im Sinne der gewaltfreien Kommunikation haben diese Redewendungen ausgedient, doch manchmal sind sie uns nicht einmal bewusst. Ziehen wir sie ins Bewusstsein, können wir sie sehr einfach durch respektvolle Worte austauschen.

„Was ist denn jetzt schon wieder los?" Schon beim Lesen der Worte meint man beinahe den genervten Unterton wahrnehmen zu können. Dieser

Satz ist keine gute Basis, um herauszufinden, was Ihrem Kind gerade fehlt. Probieren Sie es stattdessen doch mal mit: „Was brauchst du gerade?" Damit machen Sie Ihrem Kind deutlich, dass Sie es ernst nehmen und ihm gerne helfen möchten, damit es ihm wieder besser geht.

„Das machst du doch mit Absicht!" Diesen Vorwurf durften sich bestimmt schon viele von uns anhören, doch zum einen können Sie das nie mit Sicherheit wissen und zum anderen wird Sie dieser Vorwurf in keiner Weise weiterbringen. Auch hier könnten Sie fragen: „Was brauchst du gerade?", wenn Sie vermuten, dass Ihr Kind eine bestimmte Verhaltensweise mit Absicht an den Tag legt. Kinder versuchen damit immer, etwas zu erreichen und, wenn Sie herausfinden was es ist, können Sie Ihrem Kind helfen. Oder Sie versuchen es mit: „Was möchtest du mir gerade sagen?" Vielleicht erreichen Sie damit, dass Ihr Kind Worte benutzt, um sich zu verständigen, anstatt um sich zu schlagen oder zu schreien. Einen Versuch ist es allemal wert.

„Warum heulst du wieder?" Keiner möchte sich gerne als jemand bezeichnen lassen, der viel weint und gerade Kinder brauchen das Weinen, um sich ausdrücken zu können. Erwachsene tendieren eher dazu, sie ernst zu nehmen, wenn sie weinen. Wenn es möglich ist, nehmen Sie Ihr Kind als Erstes in die Arme, auch wenn es eventuell Krokodilstränen sind, etwas steckt immer hinter vergossenen Tränen. Zeigen Sie Ihrem Kind, dass es in Sicherheit ist und Sie da sind. Anschließend könnten Sie Ihr Kind fragen: „Wie kann ich dir helfen?" Wenn es in dem Moment nicht fähig ist, zu sprechen, ist das in Ordnung. Halten Sie es weiter im Arm und seien Sie für Ihr Kind da. Tränen sind nichts Schlechtes, die es so schnell wie möglich zu beseitigen gilt, manchmal muss man sich einfach ausweinen. Lassen Sie Ihrem Kind diese Freiheit.

„Du hörst jetzt sofort damit auf, sonst..." Egal was nach dem letzten Wort folgt, die Androhung von Strafen oder Konsequenzen sorgt bei den meisten Kindern nur noch für mehr Schrecken. Im schlimmsten Fall sogar für Panik. Abgesehen davon, dass Sie in der gewaltfreien Kommunikation am besten keine Bestrafung verwenden, wird Sie das also nicht weit bringen. Verzichten Sie am besten komplett auf Sätze dieser Art und fragen Sie stattdessen: „Was können wir tun, damit du nicht mehr...?" Versuchen

Sie, Ihr Kind zu verstehen, nicht, es zum Schweigen zu bringen.

„Gleich setzt's was!" Die Androhung von körperlicher Gewalt ist für Kinder ein Trauma. Sie als ein Elternteil Ihres Kindes haben die Aufgabe, es zu lieben und für seine Sicherheit zu sorgen, die Vorstellung, dass ein solcher Mensch einem wehtut, ist der blanke Horror. Stellen Sie sich vor, eine Autoritätsperson, die Sie respektieren, droht Ihnen körperliche Gewalt an, keine schöne Vorstellung, oder?

„Das ist doch gar nicht so schlimm." Mit diesem Satz machen Sie Ihrem Kind klar, dass seine Bedürfnisse nicht richtig oder nicht wichtig sind. Machen Sie sich bewusst, dass es für Kinder so schlimm sein kann. Babys schreien, wenn Sie Hunger haben, weil sie noch nicht erfassen können, dass wie immer jemand kommt und sie füttert. Sie schreien, weil es für sie überlebenswichtig ist. Das setzt sich bei Kindern fort. Viele Dinge, die aus dem Blickwinkel eines Erwachsenen halb so schlimm sind, können für Kinder den Weltuntergang bedeuten. Sagen Sie stattdessen: „Ich höre dich, ich bin hier." Machen Sie Ihrem Kind klar, dass Sie es ernst nehmen und dafür sorgen, dass es ihm bald wieder gut gehen wird, denn das ist

Ihre Aufgabe als Elternteil.

EIN KIND SEIN LASSEN

Kinder sind anders. Kinder verlieren sich schnell und lange in ihrer Fantasiewelt, sie sehen viel mehr als Erwachsene, die gerne auch mal mit Scheuklappen durch den Alltag gehen, sie sitzen weniger gerne still am Tisch, sondern erkunden die Welt, die für sie noch so neu ist. Kinder sind einzigartig und das dürfen wir anerkennen. Erwarten Sie von Ihrem Kind das Gleiche, wie von anderen Erwachsenen, dann machen Sie sich das Leben nur unnötig schwer.

Sie haben es endlich mal wieder geschafft mit Ihrer Familie in ein Restaurant zu gehen und wollen das auch genießen, doch Ihr Kind kann die Füße einfach nicht stillhalten. Es springt ständig auf, um das Restaurant zu erkunden, spricht Ihrer Meinung nach zu laut und fordert ständig Ihre Aufmerksamkeit ein, obwohl Sie sich gerade unterhalten. Ihr Kind ist deswegen nicht hibbelig oder ein Zappelphilipp, es ist einfach nur ein Kind. Es ist Ihre Entscheidung, ob Sie sauer auf Ihr Kind werden, weil es eben ein Kind ist oder ob Sie nach Möglichkeiten suchen, wie der Restaurantbesuch für alle Anwesenden schön wird. Sie können Ihrem Kind etwas zum Spielen mitnehmen, einen Freund einladen, mit dem es sich beschäftigen kann oder dafür sorgen, dass der Restaurantbesuch so kurz ist, dass auch Ihr Kind es aushalten kann, die Füße still zu halten. Sollten alle Tricks nichts helfen, gehen Sie ohne Ihr Kind zum Essen, genießen Sie die Unterhaltung zwischen Erwachsenen und holen Sie Ihr Kind anschließend von Freunden oder dem Babysitter wieder ab. Sie werden sehen, so vermeiden Sie stressvolle Situationen und alle Beteiligten werden zufriedener sein.

Kinder unter vier Jahren können nicht nachvollziehen, was für Erwachsene moralisch als „richtig" oder „falsch" gilt, also tun Sie sich und Ihrem Kind einen Gefallen und erwarten Sie nicht, dass es das weiß. Sätze wie: „Schäm dich!", sind verschwendete Atemluft für Kinder und sollten in der gewaltfreien Kommunikation keinen Platz finden. Erklären Sie Ihrem Kind Ihre Moralvorstellungen immer wieder geduldig und machen Sie es ihm bitte nicht zum Vorwurf, dass es die Regeln nicht kennt. Schulen Sie seine Fähigkeit zur Empathie stetig und Sie werden sehen, dass sich Ihr Kind ganz ohne Schuldzuweisungen und einen moralischen Käfig zu einem umsichtigen Menschen entwickelt.

Konflikte unter Kindern sind meistens an der Tagesordnung und auch völlig normal. Die Kleinen lernen und probieren sich aus. Haben Sie Vertrauen in Ihr Kind und beobachten Sie die Situation zunächst von der Ferne. Viele Kinder sind dazu fähig, Konflikte mit Gleichaltrigen selbst zu lösen, wenn man Ihnen den Raum und die Zeit dazu lässt. Ist Ihr Eingreifen ab einem bestimmten Punkt erforderlich, reißen Sie nicht das Ruder an sich und bestimmen das weitere Geschehen. Setzen Sie sich mit beiden Kindern hin und finden Sie heraus, was die Bedürfnisse der beiden sind. Je nach Alter können Sie auch versuchen, die beiden Kinder in die Bedürfnisfindung mit einzubeziehen. Das dauert meistens etwas länger, ist aber sehr gut für die Kinder, um zu lernen, wie man mit Konflikten umgeht. Kennen Sie die Bedürfnisse beider Kinder, können Sie gemeinsam nach einer Lösung oder einem Kompromiss suchen.

WENN ALLES DEN BACH HERUNTER GEHT

Noch ein letzter Tipp für den absoluten Notfall. Ihr Kind schreit im Supermarkt, dass die Regale beben und Sie können es einfach nicht beruhigen. Ihr Kind hat einem anderen Kind zum wiederholten Mal weh getan und Sie wissen nicht weiter. Sie sind so aufgerieben von Ihrem Alltag, dass Sie vor Ihrem Kind stehen, das schon wieder etwas angestellt hat und kurz davor sind, auszuholen. Was dann?

Es gibt natürlich keinen Geheimtipp, der immer funktioniert, aber durchaus ein paar Tipps, die Sie unterstützen können.

Wenn Ihr Kind sich in der Öffentlichkeit aufführt wie der kleine Satan persönlich und Sie nicht weiterwissen, machen Sie etwas Unerwartetes. Schmeißen Sie sich neben Ihrem Kind auf den Boden und heulen Sie mit, fangen Sie an, Witze zu erzählen oder was auch immer Ihnen einfällt. Kümmern Sie sich nicht um die Leute, die Ihnen zu sehen. Diejenigen, die Kinder haben, werden Sie verstehen und diejenigen, die keine haben, dürfen sich sowieso keine Meinung erlauben. Wenn Sie kurz vor dem Verzweifeln sind, nehmen Sie eine riesige Portion Humor und schmei–

ßen Sie diese mit in die Suppe. Mit Humor nimmt sich das Leben wesentlich leichter.

Statistisch gesehen sind Kinder, die Gewalt erlebt haben, eher bereit, Gewalt weiterzugeben als solche, die keine Gewalt erlebt haben. Wenn Ihr Kind glaubt, sich mit körperlicher Gewalt durchsetzen zu müsse, steckt da etwas dahinter, finden Sie heraus, was. Kein Kind schlägt grundlos um sich. Und gerade in Fällen, die Ihnen über den Kopf zu wachsen scheinen, holen Sie sich professionelle Hilfe! Mit einem gebrochenen Arm fahren Sie schließlich auch ins Krankenhaus. Zögern Sie also nicht, sich Hilfe zu holen, wenn Ihre oder die emotionale Gesundheit Ihres Kindes bedroht ist.

Sollten Sie kurz davor sein, körperliche Gewalt gegen Ihr Kind einzusetzen, nehmen Sie sich unbedingt sofort aus der Situation raus. Verschränken Sie die Hände hinter dem Rücken und halten Sie Ihre Handgelenke fest, drehen Sie sich von Ihrem Kind weg und atmen Sie tief durch. Sorgen Sie dafür, dass Ihr Kind nicht allein ist und gehen Sie spazieren. Geschlagen zu werden ist für Kinder das schlimmste Trauma, Sie sollten mit allen Mitteln versuchen, dies zu vermeiden!

Der Alltag mit Kindern ist gerade in dieser Zeit besonders herausfordernd. Sollten Sie jemals in eine Situation geraten, in der Sie zutiefst von sich selbst erschrocken sind, bleiben Sie mitfühlend mit sich selbst. Sie sind ein Mensch, wir Menschen sind nicht perfekt. Jeder gibt zu jedem Moment sein Bestes und Sie tun das auch, also haben Sie Nachsicht mit sich und verzeihen Sie sich selbst.

Die Moral von der Geschichte

Die gewaltfreie Kommunikation ist ein groß-artiges Kommunikationsmodell, um mehr Respekt und Vertrauen in die Beziehung zwischen Ihnen und Ihrem Kind zu bringen. Sie er-möglicht es Ihnen, besser zu kommunizieren und das nicht nur mit Ihrem Kind. Sie werden sehen, wenden Sie die gewaltfreie Kommunikation in Ihrer Familie an, wird sie sich auch in Ihre anderen Bezie-hungen schleichen und sie mit mehr Respekt und Vertrauen erfüllen. Dennoch ist auch die gewaltfreie Kommunikation kein Garant für ewigen Frieden und

Sonnenschein in Ihrem Leben. Seien Sie sich bewusst, dass Konflikte, Streits und herausfordernde Situationen zum Leben gehören, denn nur durch sie sind wir fähig, zu wachsen. Nehmen Sie diese Herausforderungen mit einem Augenzwinkern an und lernen Sie etwas daraus. Es wird immer Dinge geben in Ihrem Leben, die Sie nicht ändern können, dann ändern Sie doch einfach Ihren Blickwinkel darauf.

Seine ganze Art der Kommunikation umzustellen, erfordert Zeit und Geduld. Erwarten Sie keine Wunder über Nacht, solche Dinge brauchen eine Weile, aber Sie werden es deutlich merken, wenn Sie die ersten Früchte ernten können. Vielleicht erstaunt es Sie sogar, wie viel sich in Ihrem Leben und dem Ihrer Mitmenschen ändert, sobald Sie anfangen, mit Respekt und Mitgefühl zu kommunizieren.

Bleiben Sie neugierig, wie viel sich auch in Ihnen verändert, wie sich Ihr Blick auf Sie selbst und die Welt verändert. Scheuen Sie nicht davor zurück, Ihr Wissen immer wieder aufzufrischen, Übungen auch nach langer Zeit noch einmal zu wiederholen, wenn Sie merken, dass Sie oder Ihr Kind davon profitieren können. Die Lernkurve vieler Menschen ist nicht linear, sondern macht auch mal gerne einen schönen, großen Schlenker zurück, obwohl man dachte, man ist schon viel weiter. Wie gesagt, bleiben Sie geduldig mit sich und Ihrem Kind.

Sie können stolz auf sich sein, dass Sie den Schritt gewagt haben und Ihre Art der Kommunikation revolutionieren wollen. Hoffentlich werden Sie begeistert sein, aber zwingen Sie bitte niemand anderem Ihre Begeisterung auf. Natürlich profitieren Ihre Kinder sehr viel mehr von der gewaltfreien Kommunikation, wenn beide Elternteile sie anwenden, aber seien Sie sich bewusst, dass jeder Mensch seine Zeit braucht, um neue Dinge überhaupt zulassen zu können. Bleiben Sie auch mit Ihrem Lebensgefährten, Freunden und eventuell sogar Ihren Eltern geduldig, drücken Sie niemandem die gewaltfreie Kommunikation auf.

Leben Sie sie und lassen Sie zu, dass Ihre Mitmenschen an Ihnen sehen, wie gut sie funktioniert und wie bereichernd sie für Ihr Leben sein kann. Dann folgen Ihnen viele Ihrer Liebsten ganz von selbst auf Ihrem Weg.

Ich drücke Ihnen die Daumen!

Herstellung und Verlag:

BoD – Books on Demand, Norderstedt

ISBN: 9783752683585

1. Auflage

Kontakt: Psiana eCom UG/ Berumer Str. 44/ 26844 Jemgum

Covergestaltung: Fenna Larsson

Coverfoto: depositphotos.com